Ce livre a été imprimé chez Sétig à Angers (49).
ISBN : 978-2-87901-830-0 - Éditeur : 24175.01.08.08.07

PIERRE de LUZAN

Préface de Bernard Laporte

Le rugby, con !

Comprendre l'esprit, les règles, la tactique

ÉDITIONS SUD OUEST

Préface

Le rugby est un sport

régi par des règles très précises. Pourtant, les connaître n'apporte qu'une connaissance théorique du jeu.

Le rugby con! essaie de présenter les règles les plus utiles pour comprendre un match, sans se perdre dans les nombreuses situations de détails que seuls les arbitres connaissent.

Le rugby con! a aussi le mérite de présenter ces règles théoriques et très sérieuses, en expliquant leur transposition pratique, issue de la tradition et de l'esprit qui ont forgé ce sport.

La place de l'humour, de l'humilité et de la dérision y est par conséquent restituée, parfois de façon potache. (Allez parler de bouchons ou de pizzas dans les règles officielles...!)

En outre, les dessins suffisent parfois à résumer les principales caractéristiques d'une règle ou d'une action.

C'est donc un livre concret, pratique et amusant sur ce sport que je recommande (le livre aussi d'ailleurs!).

Bernard Laporte

Sommaire

Introduction **12**

Les points **14**

L'essai 14

Le drop 16

Les joueurs et leurs rôles **18**

Les avants 18

La charnière 20

Les lignes arrières 21

Les supporters 22

L'équipement 23

Le terrain **24**

L'arbitre et les juges de touche **26**

Ça commence! **28**

La passe 30

En-avant 31

Arrêt de volée (marque) 32

Zone d'en-but et renvoi aux 22 mètres 33

Pénalité 34

PLUZ

Sommaire

Coup de pied de pénalité 34
Coup franc 36
Le plaquage 37
La mêlée (mêlée fermée ou mêlée ordonnée) 38
La mêlée ouverte 42
Le maul 44
La touche 46
Le hors-jeu 50

L'attaque 54

La défense 66

Les interdits et les sanctions 68

Ce qui fait aussi le charme du rugby 74

Index 77

Putaing, je comprends rieng !

Pas facile pour un novice qui allume sa télévision de comprendre ce qui se passe dans un match de rugby: des gars qui avancent mais qui se passent la balle en arrière, d'autres qui, au lieu de s'enfuir avec le ballon, foncent dans les adversaires manifestement plus nombreux, un ballon qui reste par terre sans qu'on s'empresse de venir le piquer, des coups de sifflet d'arbitre sans raison apparente à l'écran, un joueur qui prend une baffe et qui ne dit rien...

Ce livre veut essayer de présenter les grandes notions qu'il faut connaître pour **comprendre ce qui se passe dans un match et apprécier l'esprit de ce sport si attachant qu'est le rugby.**

Le rugby est un sport de combat, de contact, qui nécessite un physique puissant, dans lequel non seulement **tous les gabarits peuvent jouer,** mais où précisément on a besoin de tous les gabarits.

C'est également un jeu qui requiert une vivacité étonnante (vous remarquerez qu'un joueur qui reçoit le ballon n'a pas plus d'une seconde pour prendre sa décision), une coordination parfaite, fruit d'**un très grand travail d'équipe** et favorisée par une longue connaissance des joueurs entre eux, très souvent assortie d'une grande amitié.

Au rugby aussi, on ne se plaint pas des bobos, on ne fait pas de cinéma en se roulant sur l'herbe, on ne se fait pas des papouilles ou le tour du terrain en faisant tourner son maillot après avoir marqué, on ne discute pas les décisions de l'arbitre, et même quand on se bagarre sur le terrain (c'est pas bien, faut pas!), on fait une haie d'honneur au vaincu qui rentre aux vestiaires, souvent après avoir à son tour honoré les vainqueurs. Et puis après, hors champ, on se retrouve pour la troisième mi-temps...

C'est un sport «viril, mais *correc*», très propice à l'humilité et à l'humour de dérision.

Et pour illustrer cet esprit, Walter Spanghero concluait à propos d'une bagarre lors d'un match en Afrique du Sud: «Heureusement que j'avais le nez, sinon je la prenais en pleine poire...»

MAIS QU'EST-CE QU'IL FAIT?
VOIT PAS
E BALLON
OU QUOI?
MAIS PRENDS-LE!
PLUZ
PILIERS

Les points

Quatre manières de marquer des points:

Essai	But après essai (transformation)	But sur pénalité	But sur drop
5	2	3	3

L'essai = 5 points

Pour être valable, le ballon doit être aplati par toute partie du corps comprise entre la taille et le cou, en exerçant une pression de haut en bas sur la balle.

Il consiste à **aplatir à la main le ballon derrière la ligne d'en-but adverse.**

Un essai marqué vaut 5 points et donne la possibilité à l'équipe qui a marqué de tenter un **coup de pied de transformation** (but). Celui-ci est tapé depuis une ligne imaginaire, parallèle aux lignes de touche, qui passe par l'emplacement où le ballon a été aplati. Il rapporte **2 points.**

Pour faciliter cette transformation, un joueur, quand il le peut, applatit le ballon entre les deux poteaux.

Lors d'une tentative de transformation, l'équipe opposée doit être derrière la ligne de but jusqu'à ce que le buteur commence à courir pour taper; alors ils peuvent charger ou sauter dans l'intention d'empêcher un but au risque de garder un bleu pour le reste de la semaine.

PARTICULARITÉ

L'arbitre peut accorder un essai de pénalité à une équipe si celle-ci est sur le point de marquer un essai et que l'adversaire multiplie les fautes volontaires, fait de l'antijeu, pour empêcher cet essai.

L'essai de pénalité vaut toujours 5 points et le coup de pied de transformation est effectué en face des poteaux.

Un téléspectateur a le droit de traiter de ce qu'il veut le buteur qui rate la transformation...

Les points

Le drop (ou drop-goal) = 3 points

Pendant une phase de jeu, un joueur bien placé devant les poteaux peut taper le ballon au pied (le ballon est lâché des mains et frappé du pied juste après son rebond au sol) pour le faire passer entre le poteaux adverses. **C'est un drop!**

Un but est marqué en envoyant le ballon au pied entre les poteaux, au-dessus de la transversale. Au passage tant qu'on y est, les commentateurs ne hurlent jamais: «But!»

Quand la défense adverse est trop efficace, le drop reste une solution pour récompenser les efforts répétés n'ayant pas abouti à l'essai. Les avants s'attacheront à «fixer» un maximum d'adversaires pendant que le demi d'ouverture se place correctement en attendant la passe décisive, en général de son demi de mêlée.

NOTEZ BIEN LE "PE" POUR LE REBOND AU SOL...

... ET LE "TONG" POUR LE COUP DE PIED

UN ORDRE DE GRANDEUR

En général, le score final d'un match est constitué de tranches comprises entre 10 et 30 points. 82 à 6, c'est une pâtée. 4 à 2, c'est impossible, même à la mi-temps.

Le coup de pied de pénalité = 3 points

Certaines fautes méritent une pénalité (voir «Les interdits» p. 68).

Lorsque l'endroit de la pénalité est suffisamment bien placé, le buteur peut tenter de taper directement le ballon, posé au sol, entre les poteaux de l'équipe fautive.

Pour le commentateur, il est de bon ton de dire alors: «Et ça passe!»

Quand on approche des 40 mètres des poteaux, ça devient dangereux pour une équipe indisciplinée. Et là, le score peut vite changer en sa défaveur.

Comme pour la tentative de transformation, l'utilisation de sable, de sciure de bois ou de tout tee approuvé est permise pour placer la balle.

Les joueurs...

Les avants

8 gros costauds, un peu cabossés, qui constituent ce qu'on appelle le « pack ».

C'est eux qui forment les mêlées fermées, ces espèces de carrousels virils, sous lesquels, seul le ballon ose s'aventurer. Ils évoluent aux avant-postes de l'équipe sur les phases de conquête du ballon : mêlées, touches, regroupements.

Ils se répartissent en 3 grandes catégories :

3 premières lignes : 2 piliers (**n°1** et **n°3**) et 1 talonneur (**n°2**).

Ils sont chargés de conquérir et de conserver le ballon dans les regroupements. Ils sont sollicités pour pousser dans les mêlées (dont ils forment la première ligne) et soutenir leurs coéquipiers en touche. Le talonneur talonne (voir « La mêlée » p. 38). C'est aussi lui qui remet le ballon en jeu sur les touches.

2 deuxièmes lignes : **n°4** et **n°5**.

Ils sont en deuxième ligne dans une mêlée ordonnée et sont chargés, avec les troisièmes lignes, de capter les ballons en touche.

La taille du deuxième ligne lui vaut parfois des surnoms de type « le massif central », « l'homme et demi »...

3 troisièmes lignes : 2 flankers (**n°6** et **n°7**) et 1 troisième ligne centre (**n°8**).

Les troisièmes lignes, puissants et mobiles, jouent en percussion pour créer des points de fixation. Ils sont aussi de vaillants défenseurs. Donc, ils interviennent partout, plaquent, tamponnent, bouchonnent, grattent les ballons et chassent en permanence les porteurs de ballon.

GRATTER UN BALLON

C'est le récupérer à la main de manière licite – en restant sur ses appuis – après un plaquage. Dès qu'un ruck (mêlée ouverte) est déclaré par l'arbitre, ceci devient interdit. Le joueur spécialisé dans cette mission porte souvent un casque. Il faut dire qu'il met son nez dans les endroits un peu chauds.

...et leur rôle

Savoir reconnaître un avant...

... lors de la 3e mi-temps

La charnière

2 malins, observateurs et adroits.

Ces 2 joueurs forment la « charnière » entre les avants (**n°1** à **n°8**) et les arrières (**n°11** à **n°15**).

Le demi de mêlée : joueur portant le **n°9**, chargé de mettre le ballon en jeu dans une mêlée ordonnée.

C'est lui qui récupère la balle dans chaque regroupement, dirige le troupeau d'avants et initie le sens du jeu, au pied ou à la main par exemple. Si les Gaulois avaient eu un demi de mêlée, c'eût peut-être été Astérix.

Le demi d'ouverture : joueur portant le **n°10**, chargé notamment de l'orientation du jeu de son équipe en fonction du placement de la défense adverse, il doit aussi faire la liaison avec les trois-quarts. Il est en général doté d'un bon coup de pied.

Souvent, c'est le demi d'ouverture (n°10), spécialiste du jeu au pied, **qui exécute les transformations, marque les pénalités, et tente aussi les drops.** On appelle aussi le demi d'ouverture « l'ouvreur ».

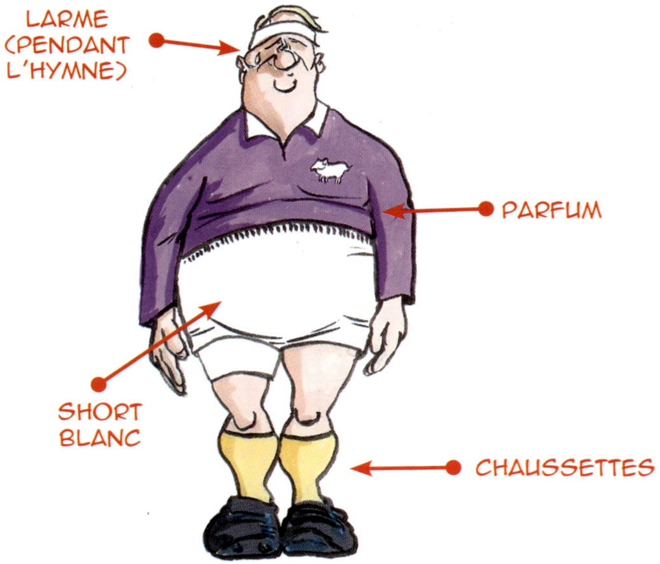

...et leur rôle

Les lignes arrières

Les trois-quarts: 4 grands gaillards qui se pètent le 100 mètres en moins de 11 secondes (**n°11** à **n°14**).

Parmi eux, on compte 1 ailier gauche (n°11) et 1 ailier droit (n°14) – rapides et vifs, capables de déborder la défense adverse, de «crocheter», et éventuellement de marquer des essais, mais aussi de défendre –, et 2 trois-quarts centre (n°12 et n°13), puissants et rapides, chargés de gagner du terrain en créant des brèches.

L'arrière: l'ange gardien (**n°15**).

C'est le dernier rempart avant la ligne d'en-but. Il reste souvent en retrait pour réceptionner les ballons frappés au pied par l'équipe adverse mais il peut apporter sa contribution à l'offensive de son équipe en amenant le surnombre: on dit alors qu'il «s'intercale». Calme et lucide, il doit savoir bien jouer au pied.

Les joueurs...

Les supporters

Lulu, Robert, Dédé, la Fiole, Boustragues et les autres...

Ils gueulent pour donner des instructions de jeu, hurlent sur les fautes de l'adversaire et demandent à l'arbitre qui ne les entend pas d'aller se laver les mains. Après le match, ils ont soif et sont rejoints par Dudulle, Bali Balo, la petite Huguette et les pompiers.

...et leur rôle

L'équipement

Cela comprend tout ce que porte le joueur lors d'un match (maillot – désormais en synthétique moulant pour gêner les plaquages adverses –, short, chaussettes, chaussures à crampons (inférieurs à 18 mm), et sûrement un slip...)

Mais aussi : des protège-tibias, des mitaines, des rembourrages des épaules, un protège-dents, un casque, des cuissardes pour les sauteurs en touche (pour se faire porter)... et du strap.

Il y a des joueurs « maillot rentré dans le short » et des joueurs « maillot sorti du short ». Aucune règle ne réglemente ce point particulier mais il faut savoir que ça existe.

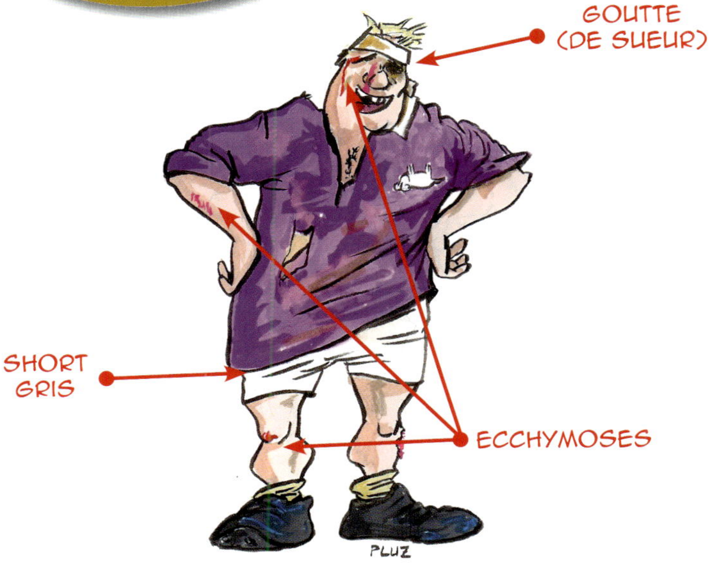

Le terrain

L'AIRE D'EN-BUT SE SITUE DERRIÈRE LES POTEAUX

elle est délimitée par la ligne de but (incluse avec les poteaux), les lignes de touche en but et la ligne de ballon mort (exclues).

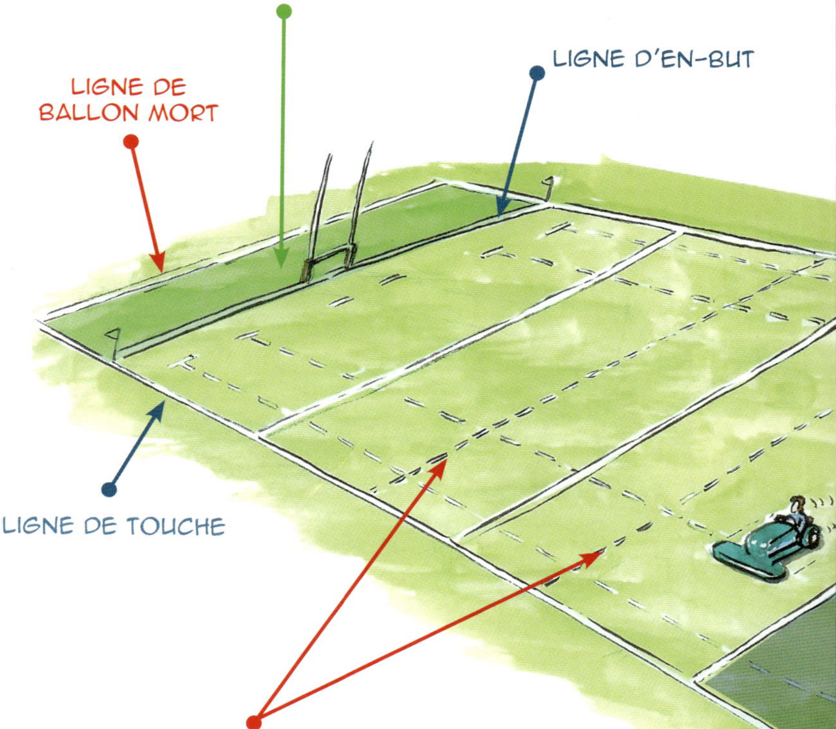

10 MÈTRES

zone de 10 mètres de part et d'autre de la ligne médiane signalée par une ligne blanche. Lors du coup d'envoi, la balle doit dépasser cette ligne ; les joueurs averses doivent se trouver en retrait de celle-ci.

BALLON MORT

Le ballon est dit « mort » quand il quitte l'aire de jeu ou quand l'arbitre interrompt le jeu courant.

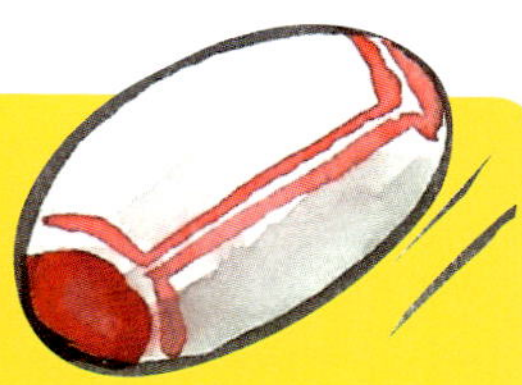

Le champ de jeu est la partie bordée par les lignes de but et les lignes de touche mais sans les inclure. L'aire de jeu comprend le champ de jeu et les en-but.

ZONE DES 22 MÈTRES

située entre la ligne de but, les lignes de touche et la ligne des 22 mètres.

LIGNE DES 5 MÈTRES

en pointillés le long des lignes de but ou de touche, limite en deçà desquelles ne peuvent être pratiquées touches et mêlées.

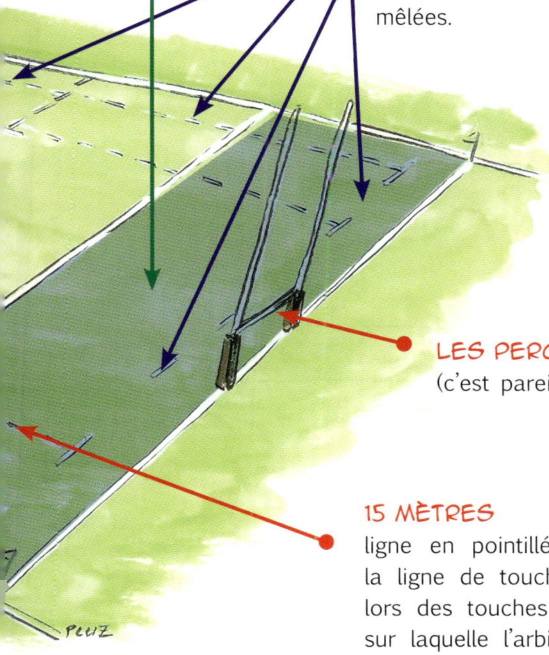

Il y a des équipes qui ont des qualités *intrinsèques* et des joueurs qui préfèrent jouer en t'rrain *mouillé*.

LES PERCHES OU LES POTEAUX

(c'est pareil)

15 MÈTRES

ligne en pointillés située à 15 mètres de la ligne de touche, que l'alignement formé lors des touches ne doit pas dépasser, et sur laquelle l'arbitre fait effectuer certaines pénalités et coups francs (notamment suite à des fautes en touche).

PRÉCISIONS

Les lignes de touche sont en touche. Les lignes de but sont dans l'en-but. La ligne des 22 mètres est dans l'aire des 22 mètres. Cela veut dire que si un joueur effleure la ligne de touche, il y a touche, si un attaquant aplatit le ballon en touchotant la ligne d'en but, il y a essai, etc.

L'arbitre et…

L'arbitre

Il est le **seul juge** des faits et de l'**application des règles du jeu.** Toutes ses décisions ont valeur exécutoire pour les joueurs. Il ne peut pas revenir sur une décision sauf s'il remarque a posteriori qu'un juge de touche a levé son drapeau. L'arbitre **décompte le temps de jeu et le score,** fait jouer les arrêts de jeu en fin de chaque mi-temps.

Au tennis, la balle est out ou pas. Au rugby, même si les règles existent, l'**interprétation de l'arbitre est très souvent sollicitée** et souveraine : il juge si une équipe progressait ou non, s'il y avait jeu dangereux, si une faute est volontaire ou pas, si le ballon est « enterré » ou « vit » encore…

Il détermine s'il faut stopper le jeu pour une faute ou laisser l'avantage à l'équipe adverse (voir plus loin). C'est compliqué mais l'arbitre explique toujours ses décisions, notamment par ses gestes.

Seul le capitaine, désigné par chaque équipe, a le droit de consulter l'arbitre.

Le juge de touche

Il y en a un de chaque côté du terrain, équipé d'un petit drapeau au bout d'un petit bout de bois. Son rôle est de signaler l'endroit où doit se jouer la remise en jeu sur touche. Lors des tentatives de pénalité et de transformation d'essai, il se place derrière les poteaux pour vérifier si le ballon passe entre eux. Il assiste aussi l'arbitre principal pour lui signaler d'éventuels actes de jeu (fautes, violences…) que celui-ci n'aurait pas vus.

L'arbitrage vidéo

Il se pratique pendant les matches internationaux et autres matches importants. L'arbitre peut y faire appel pour vérifier la validité d'un essai. Un quatrième arbitre observe l'action au ralenti sur écran vidéo et lui communique sa conclusion.

Règle de l'avantage

Pour donner une plus grande continuité au jeu, l'arbitre ne doit pas siffler une infraction si elle est suivie d'un **avantage** en faveur de l'équipe non incriminée. **Il laisse alors l'action se dérouler.**

Si, après quelques secondes, la poursuite du jeu ne concrétise pas suffisamment cet avantage, alors l'arbitre peut décider de **revenir au point de départ de l'action** et siffle la faute en faveur de l'équipe non incriminée.

Pour marquer l'avantage en cours alors que le jeu continue, **l'arbitre tend le bras vers l'équipe qui en bénéficie.**

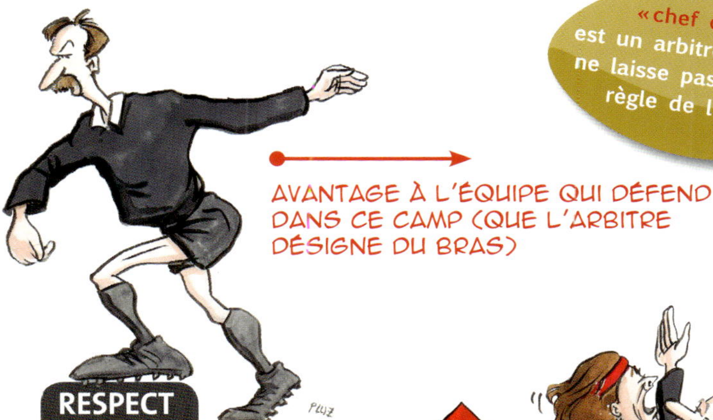

Un « chef de gare » est un arbitre qui siffle et ne laisse pas appliquer la règle de l'avantage.

RESPECT

Au rugby, on respecte l'arbitre et on la ferme. On ne discute pas ses décisions. On ne va pas lui donner des coups de poitrail en se dressant sur la pointe des pieds. De toute façon, une décision discutée entraîne très vite une sanction: recul de 10 mètres, pénalité. S'opposer à l'arbitre, c'est vite s'opposer à sa propre équipe.

(En revanche, après le match, on refait souvent le match...)

Ça commence !

Tirage au sort, durée de la partie

L'équipe qui a remporté le tirage au sort (the toss) choisit, soit de taper le coup d'envoi, soit le terrain sur lequel elle veut commencer à jouer. Ce dernier choix lui permet par exemple de jouer avec le vent en première mi-temps en espérant qu'il se calme par la suite, ou encore de laisser le soleil couchant aveugler l'adversaire avant de disparaître derrière les gradins.

Un match de rugby se déroule en 2 mi-temps de 40 minutes, à l'issue de chacune desquelles on ajoute les arrêts de jeu.

À la mi-temps, les équipes changent de camp.

Une des difficultés du commentaire rugbystique consiste à glisser au bon moment l'une des répliques suivantes :

ET L'ARBITRE SIFFLE LE COUP D'ENVOI !

Coup d'envoi et remise en jeu

Au début de chaque mi-temps, le coup d'envoi est tiré d'un coup de pied tombé depuis le centre de la ligne médiane. Généralement, c'est le n°10 qui tape. Pour les reprises de jeu après que l'adversaire a marqué, un drop est exécuté du même endroit.

Le coup doit être bien dosé : **ni trop fort** pour que les coéquipiers aient le temps d'arriver au point de chute de la balle **ni trop faible** pour que la balle atteigne la ligne des **10 mètres adverse** (elle est marquée au sol). Si elle n'y parvient pas, le coup doit être retiré ou une mêlée doit être formée au centre du terrain (au choix de l'adversaire).

L'équipe du botteur doit être derrière la balle au moment du coup de pied ; sinon mêlée au centre.

L'équipe adverse doit se tenir sur ou derrière la ligne des 10 mètres. Si les joueurs de l'équipe adverse ne sont pas bien placés ou s'ils chargent avant que la balle soit frappée, le coup d'envoi doit être retapé.

CAS D'ÉCOLE

Si la balle est frappée directement en touche, l'équipe adverse peut accepter le coup de pied, donner à refaire le coup d'envoi, ou avoir une mêlée au centre du terrain.

Si la balle franchit la ligne de but de l'équipe adverse, sans être touchée par un joueur, l'équipe adverse a le choix d'aplatir la balle, de la rendre morte ou de la jouer. Si l'équipe adverse aplatit la balle ou la rend morte, elle aura la possibilité soit d'avoir une mêlée au centre de la ligne médiane avec l'introduction pour elle, soit de laisser l'équipe adverse retaper le coup d'envoi.

Ça joue !

La passe

Elle se fait à la main, en arrière. Sinon, il y a… « en-avant ».

La passe est **le geste de base du rugby.** Elle nécessite plus de travail et de précision qu'il n'y paraît. Pas simple de faire une passe rapide, puissante, précise, à un coéquipier lancé, à la limite de l'en-avant, hors de portée de l'adversaire…

Un bon enchaînement de passes, bien coordonné, peut vite créer la panique dans la défense adverse.

Après, tout est permis ou presque : la passe **vissée,** où on imprime une rotation au ballon pour le faire accélérer et lui donner de la puissance ; la passe **redoublée,** rendue dans la foulée au coéquipier qui vient de transmettre le ballon (attention à bien repasser devant lui !) ; la passe **croisée,** transmise à un partenaire qui arrive en sens opposé (le ballon change brusquement de direction et peut prendre la défense adverse à revers) ; la passe **volleyée,** sans saisir le ballon, juste en détournant sa trajectoire (là, ça va très vite), et même la **« chistera »,** faite dans le dos, en revers ! La classe quoi.

Dans une attaque, **« fixer » un adversaire** consiste à conserver le ballon le plus longtemps possible, éventuellement jusqu'au plaquage, avant de « passer les bras » et transmettre au dernier moment le ballon à un partenaire. Ça fait toujours un, voire plusieurs défenseurs qui ne sont pas ailleurs…

Quant au « saucisson », c'est une passe de mauvaise qualité, comme une passe vendangée, qui met son coéquipier dans le vent et sa défense en danger.

En-avant

Il y a **« en-avant »** lorsqu'un joueur passe le ballon en direction de la ligne de but adverse (et non en arrière comme la règle le stipule), ou, ce qui est plus fréquent, le laisse tomber devant lui en voulant l'attraper, souvent après une passe de mauvaise qualité d'ailleurs, et plus probablement les jours de pluie lorsque la balle est glissante.

La **sanction est une mêlée** pour l'équipe adverse. Seuls les commentateurs peuvent se permettre de dire « il a échappé la balle ».

Pour les spectateurs, contentez-vous de hurler: « Mais c'est pas possible ça! » et posez la question à votre voisin: « C'est français: échapper la balle? »

Sur un contre, il n'y a pas d'en-avant.

Arrêt de volée (marque)

Cette action consiste à **réceptionner le ballon** proprement lorsqu'il a été tapé au pied par l'adversaire. Le défenseur qui réceptionne doit crier **« marque ! »** pour que l'arbitre valide l'arrêt de l'action offensive adverse. Elle n'est possible que dans ses propres 22 mètres (ou dans son en-but) et donne le bénéfice d'un **coup franc** au défenseur. Cette phase de jeu arrivant le plus souvent sur un coup de pied offensif, le défenseur, relativement statique, est particulièrement exposé à la charge physique des attaquants en pleine course, même si cette dernière doit être sanctionnée.

Zone d'en-but et renvoi aux 22 mètres

Si un **attaquant** aplatit en premier dans la zone d'en-but, il y a **essai.** Si c'est un **défenseur,** deux cas se présentent :

- **c'est lui ou son équipe** qui a fait entrer le ballon dans cette zone ; il y a alors une mêlée à 5 mètres pour l'équipe attaquante adverse.
- **c'est l'adversaire** qui a fait entrer le ballon, au pied ou sans pouvoir aplatir ; c'est un « touché en but » qui débouche sur un renvoi aux 22.

De même, quand **la balle a été rendue morte par un coup de pied de l'équipe attaquante** (coup de pied offensif raté qui franchit la ligne de touche de but ou de ballon mort), l'équipe qui défend doit avoir la possibilité d'un **renvoi aux 22 mètres** ou **d'une mêlée à l'endroit où la balle a été frappée.**

Le « renvoi aux 22 » est un coup de pied botté, donné par l'équipe qui défend, pour remettre le ballon en jeu une fois que celui-ci est sorti en ballon mort ou après un touché en but.

PRÉCISIONS

Le drop doit être tapé de n'importe quel endroit sur ou derrière la ligne des 22 mètres, mais la balle doit franchir la ligne des 22 mètres ; sinon l'équipe adverse peut, soit demander à faire retirer le drop, soit obtenir une mêlée au centre de la ligne des 22 mètres.

Si la balle est tapée directement en touche, l'équipe opposée peut accepter le tir et reprendre la main sur la touche, demander à faire retirer le drop, ou bénéficier d'une mêlée formée au centre de la ligne des 22 mètres.

L'équipe du botteur doit être derrière la balle quand elle est frappée.

L'équipe adverse ne doit pas charger plus loin que la ligne des 22 mètres ; sinon le renvoi aux 22 mètres doit être tiré à nouveau.

Pénalité

Pour certaines fautes graves ou volontaires, l'arbitre siffle une pénalité au bénéfice de l'équipe adverse.

L'équipe non fautive peut alors choisir en fonction de l'emplacement de la faute ou de la tactique choisie de:

- **tenter un but** (coup de pied de pénalité à 3 points).
- **taper en touche** directement ou pas, l'équipe qui a botté conservant le lancer. Cette option, appelée aussi **« pénaltouche »**, est particulièrement agressive puisqu'elle permet de s'approcher très près de la ligne adverse tout en conservant le contrôle du ballon. Une tactique offensive consiste à construire un maul pénétrant sur le capteur du ballon pour tenter d'entrer dans l'en-but et d'aplatir.
- **jouer à la main** ou enfin bénéficier de l'introduction sur **une mêlée.**

Coup de pied de pénalité

Le coup de pied de pénalité est l'un des choix proposés à l'équipe non fautive pour remettre le ballon en jeu après sifflement d'une pénalité.

Ce coup de pied peut être tiré par n'importe quel joueur de l'équipe non fautive et par n'importe quelle forme de coup de pied: **coup de pied arrêté, coup de pied de volée** (en lâchant le ballon des mains) ou **drop** (idem en lui faisant faire un rebond). Pour frapper en touche, seuls les deux derniers choix sont autorisés.

Le botteur peut frapper la balle dans n'importe quelle direction.

Toutefois, s'il a indiqué à l'arbitre son intention de tenter le coup de pied au but, il ne doit pas alors frapper la balle dans une autre direction. **Toute indication d'intention est irrévocable.**

L'équipe du botteur doit être derrière la balle jusqu'à ce qu'elle ait été frappée.

PRÉCISIONS

Cependant, les joueurs de l'équipe du botteur qui sont devant la balle ne seront pas pénalisés si leur incapacité à se replacer est due à la rapidité avec laquelle le coup de pied a été donné. Mais ils ne doivent pas s'arrêter de se replier et ne doivent pas participer à l'action jusqu'à ce qu'ils aient été remis en jeu (voir «Le hors-jeu» p. 50).

L'équipe adverse doit reculer à 10 mètres de l'endroit de la faute, ou sur leur ligne d'en-but si elle est plus proche de l'endroit de la faute. Si un coup de pied au but est tenté, ils doivent rester immobiles jusqu'à ce que le coup de pied soit tiré.

PRÉCISIONS

Là aussi, les joueurs qui n'ont pas eu le temps de se replier à 10 mètres ne seront pas pénalisés, à condition qu'ils atteignent les 10 mètres de l'endroit où a été accordée la pénalité, ou jusqu'à ce qu'un de ses coéquipiers, qui se trouvait au moins à 10 mètres de l'endroit de la faute les ait dépassés (voir «Le hors-jeu» p. 50).

Ça joue !

On appelle aussi le coup franc «bras cassé» à cause du geste que fa l'arbitre en le sifflant.

Coup franc

C'est une sanction ordonnée par l'arbitre après certaines actions (arrêt de volée, trop de joueurs en touche, etc.) et qui offre plusieurs possibilités de remise en jeu:

- **au pied,** contrairement à la pénalité, le joueur ne peut pas tenter de marquer un but. S'il tape le ballon directement en touche, son équipe ne bénéficie pas de la remise en jeu.
- **à la main,** il doit préalablement donner un petit coup pied dans le ballon (qui quitte les mains de quelques centimètres), puis partir avec le ballon ou le passer.
- L'équipe bénéficiant d'un coup franc peut aussi choisir **une mêlée** et effectuer alors l'introduction.

PRÉCISIONS

Les joueurs de l'équipe adverse doivent se replier au moins à 10 mètres de la marque du coup de pied franc, ou atteindre leur propre ligne de but, si celle-ci est plus proche de la marque.

Une fois repliés, les joueurs de l'équipe adverse peuvent charger pour éviter le coup de pied, sitôt que le botteur commence sa course ou donne la balle pour tirer un coup de pied.

Les joueurs se repliant ne doivent pas arrêter de se replier et ne doivent pas entrer en jeu avant de s'être repliés à 10 mètres derrière la marque ou jusqu'à ce qu'un joueur de leur équipe qui était au moins à 10 mètres de la marque ne les ait dépassés.

Le plaquage

C'est le **geste de base pour défendre.**

Le plaquage n'est autorisé que sur le **porteur du ballon.** Il consiste à le saisir avec les bras, **sous les épaules** et sans le lâcher, pour l'amener au sol.

Un **joueur plaqué** doit immédiatement **passer ou libérer la balle** (il est théoriquement interdit d'essayer de la lui prendre avant qu'il l'ait relâchée). En contrepartie, s'il ne le fait pas volontairement, l'arbitre peut siffler une pénalité. Si au contraire on l'en empêche, il y a pénalité en sa faveur.

Un joueur plaqué doit aussi **se relever ou se dégager** et ne pas participer au jeu en étant au sol.

Tout **joueur qui plaque** un adversaire et, en faisant cela, va au sol de la même manière que le joueur plaqué, doit immédiatement **relâcher le joueur plaqué** et **se relever** ou **se dégager du joueur plaqué** et de la balle. Sinon, c'est une pénalité. C'est parce qu'ils n'y parviennent pas parfois qu'on les voit lever les bras en signe de bonne foi.

Tout autre joueur doit, pour jouer le ballon, arriver **par derrière** et être **sur ses pieds.** Il est donc interdit d'arriver par le côté du regroupement ou de plonger sur ou par-dessus les joueurs au sol.

Les « bouchons », « caramels », « tampons », « arrêts-buffet » et autres « ramponneaux » ne sont que des plaquages un peu virils, mais corrects. Quant à la « cuillère », elle consiste à faire perdre l'équilibre à un adversaire qui court avec la balle en l'attrapant in extremis par le pied.

Ça joue !

La mêlée (mêlée fermée ou mêlée ordonnée)

On siffle une mêlée le plus souvent à la suite d'un en-avant ou quand le ballon est jugé « enterré » par l'arbitre, c'est-à-dire qu'il n'évolue plus.

Plus rarement, pour des passages à vide, quand une équipe introduit et aplatit le ballon dans son propre en-but...

C'est la fameuse phase où tous **les avants** (8 joueurs) des 2 équipes « se lient[1] » entre eux pour former un cercle autour du ballon. La mêlée est formée par 3 lignes de joueurs (première, deuxième et troisième lignes) de chaque camp.

Au signal de l'arbitre (« Flexion. Touchez. Stop. Entrez ! »), les avants « se rentrent dedans » et **le demi de mêlée introduit le ballon** sans délai entre les 2 équipes. À deux mains et de façon droite !

Le **talonneur** de chaque équipe tente de le ramener vers les pieds de son troisième ligne centre, tout à l'arrière, entre les pieds duquel le demi de mêlée ramasse la balle[2].

Là, ce dernier applique la tactique qu'il a préalablement annoncée de façon codée à ses coéquipiers: départ à gauche, à droite, un coup de pied à suivre, 89[3].

[1] **« SE LIER »**

C'est saisir fermement la partie du corps d'un autre joueur, comprise entre les épaules et les hanches, au moyen de tout le bras, de l'épaule à la main.

DANS LA MÊLÉE, À BAYONNE COMME AILLEURS, LES AVANTS DOIVENT POUSSER

FAUT PAS POUSSER QUAND MÊME

2 AVANTAGE À L'INTRODUCTION

En fait, le talonneur de l'équipe qui introduit est avantagé parce qu'il est plus proche de l'arrivée du ballon et parce que sa tête gène l'autre talonneur pour le voir arriver. De plus, il peut, par un signal, annoncer à son demi de mêlée qu'il est prêt. C'est pour ça que l'équipe qui introduit la balle bénéficie d'un réel avantage.

3 « 89 »

La 89 est une combinaison classique qui consiste pour le troisième ligne centre (n°8) à ramasser lui-même le ballon pour le donner à son n°9 de demi de mêlée (d'où 89 et non 25 par exemple). Cela permet au 9 de s'écarter du regroupement et d'apporter donc un joueur de plus dans l'intervalle.

Tant que le ballon est sous la mêlée, personne ne peut le ramasser.

Quelques points propres à la mêlée

Une mêlée ne doit pas être formée à moins de 5 mètres des limites du terrain. On la déplace donc si l'action qui la justifie a lieu trop près des lignes concernées, voire dans l'en-but.

La mêlée doit être **stationnaire** jusqu'à l'introduction de la balle. Par sécurité, chaque pilier doit toucher le dessus du bras de l'adversaire, puis s'arrêter avant l'engagement. Dans l'ordre : s'accroupir, se toucher, s'arrêter et s'engager. D'où les propos de l'arbitre cités plus haut.

Les deux pieds doivent être sur le sol, non croisés.

Les joueurs doivent **rester liés dans la mêlée jusqu'à la fin.** Les épaules de chaque joueur de première ligne ne doivent pas être plus basses que ses hanches.

Dans le cas d'une mêlée qui s'effondre, ou quand un joueur est soulevé de terre ou est poussé vers le bas, ou même quand la mêlée se relève, l'arbitre doit siffler immédiatement pour que les autres joueurs arrêtent de pousser, et faire rejouer la mêlée.

Si ces actions sont faites sciemment dans le but d'échapper à la pression adverse, ce qui n'est pas simple à détecter, l'arbitre siffle une faute. Une mêlée est dite **« tournée »** quand elle tourne de plus de 90 degrés par rapport à son axe de départ. L'équipe qui est en possession du ballon lorsque la mêlée tourne étant dans l'obligation de jouer la balle, le ballon est rendu à l'équipe adverse pour une nouvelle mêlée.

Le pilier est coquin. Le n° 3 notamment, qui, bien caché, tente souvent de faire tourner une mêlée, de l'écrouler, de faire des mamours au talonneur d'en face...

Par contre, il est très simple pour tous de dire des gentillesses sans se faire piquer.

LIENS ENTRE LES JOUEURS

Le talonneur ne doit pas être porté par les piliers (pénalité).

Qu'est-ce qui se dit sous une mêlée ?

CENSURÉ CENSURÉ CENSURÉ CENSURÉ

Tu vas voir, je vais ta … er ton extrait …

Viens … pousse … une

… gros, tu me casses … Espèce de … fiole !

Fau… pas pousse… é dans les orties … at le

beu… tre … appeler ta

… Répète un p… de ton slip sans toucher

l'élastique. Toi-même !

La mêlée ouverte

La mêlée ouverte et le maul sont deux aspects importants du jeu ouvert et se produisent assez fréquemment. Contrairement à la mêlée (autrement appelée « mêlée fermée »), la mêlée ouverte et le maul sont des phases de jeu effectuées par les équipes, sans intervention de l'arbitre.

Une **mêlée ouverte (ruck ou mêlée spontanée)** est formée quand **la balle est au sol** et qu'un joueur ou plus de chaque équipe l'entourent, **sur leurs pieds et en contact physique**.

L'arbitre annonce « ruck » pour qualifier cette phase de jeu, ce qui interdit immédiatement de « gratter » le ballon à la main.

LE RUCKING (TALONNAGE)

C'est l'acte d'un joueur qui, dans une mêlée utilise ses pieds de l'avant vers l'arrière pour récupérer ou retenir le ballon (et uniquement le ballon! S'essuyer les pieds sur un joueur au sol, c'est pas bien!)

Les joueurs au sol n'ont plus le droit de prendre ou bloquer la balle de quelque façon que ce soit, et doivent faire tout leur possible pour **sortir de la « zone de conquête »** où le ballon est disputé.

Un joueur ne doit pas « plonger », sauter au-dessus d'autres joueurs dans la mêlée ouverte, ou tomber ou s'accroupir volontairement dans la mêlée ouverte.

Le soutien désigne les coéquipiers prêts à aider le porteur du ballon dans les regroupements. Sans soutien, soit on perd la balle, soit on finit par faire une faute.

Déblayage ou **nettoyage** sont des termes relativement explicites pour désigner l'action qui consiste à écarter en le poussant un adversaire en position irrégulière qui gêne la sortie du ballon dans un regroupement. Elle se fait généralement sans formule de politesse de type « pardon » ou « excusez-moi ».

Quand la balle dans une mêlée ouverte devient injouable, une mêlée fermée doit être ordonnée et la balle doit être introduite par l'équipe qui progressait immédiatement avant l'arrêt du jeu. Quand l'arbitre est incapable de déterminer quelle équipe progressait, la balle doit être introduite par l'équipe qui avançait immédiatement avant la formation de la mêlée ouverte et à défaut, par l'équipe attaquante.

Pour rejoindre la mêlée, un joueur doit **arriver dans l'axe et par derrière.** Sinon, l'arbitre siffle une pénalité. Le joueur doit aussi maintenir la tête et les épaules au dessus de ses hanches. Il doit être lié avec au moins un bras autour du corps d'un joueur de son équipe dans la mêlée ouverte. (Se lier implique le bras entier, de la main à l'épaule.)

Ça joue !

Le maul

Un maul est constitué d'**un joueur debout portant le ballon,** d'un ou plusieurs coéquipiers liés à lui, et d'un ou plusieurs adversaires. Les joueurs de l'équipe attaquante doivent être sur leurs pieds et avancer vers la ligne de but adverse. Sinon l'arbitre est fondé à arrêter le jeu et ordonner **une mêlée fermée** en rendant l'introduction à l'équipe défendante.

Quand l'arbitre est incapable de déterminer quelle équipe était en possession de la balle, alors elle doit être introduite par l'équipe qui progressait immédiatement avant l'arrêt ou, si aucune équipe ne progressait, par l'équipe attaquante.

Un maul qui avance bien est un «groupé pénétrant» ou une «cocotte» ou «tortue». Il est très difficile à stopper sans faire de faute.

Un joueur ne doit pas sauter au-dessus des joueurs dans un maul, effondrer volontairement un maul, essayer d'enlever un adversaire d'un maul.

Un joueur rejoignant un maul ne doit pas avoir la tête et les épaules plus basses que ses hanches.

Ça joue !

La touche

Quand **le ballon sort du terrain** par les lignes latérales, ou quand un joueur porte le ballon en touche ou franchit la ligne de touche, il y a... touche.

Qui remet en jeu ?

L'équipe non responsable de la touche effectue la remise en jeu.

Seule exception, lorsqu'une équipe bénéficie d'une pénalité, elle peut choisir de botter le ballon en touche, tout en gardant le bénéfice de la remise en jeu.

D'où est lancé le ballon ?

En général, de l'endroit où est sorti le ballon.

Toutefois sur **les coups de pieds,** pour être remis à hauteur de l'endroit où il est sorti, le ballon doit avoir fait au moins un rebond dans le terrain. Sinon, il est remis en jeu au niveau du coup de pied.

EXCEPTIONS

En défense, le ballon est rejoué au niveau de sa sortie, même sans rebond, si le coéquipier tire en étant derrière ses 22 mètres (pour cela, il n'est pas toléré pour un joueur de rentrer dans ses 22 mètres en portant le ballon; il doit être dedans avant de le récupérer). C'est pour cette raison que dans certaines phases de jeu défensives, on observe des joueurs (souvent le demi d'ouverture) qui attendent, derrière la ligne des 22, qu'on leur passe la balle pour mieux la dégager.

De même, lors des touches sur pénalité, aucun rebond n'est requis pour rejouer le ballon au niveau de sa sortie du terrain.

Comment se passe la remise en jeu?

Les deux équipes forment **un alignement**. C'est l'équipe qui bénéficie de la remise en jeu qui fixe le nombre de joueurs composant cet l'alignement, avec au minimum 2 joueurs et 8 au maximum. Un mètre entre les 2 lignes de joueurs. L'alignement s'étire de 5 mètres à 15 mètres de l'endroit où la balle va être introduite sur la ligne de touche.

Ça joue !

Il n'y a pas touche quand un joueur garde les deux pieds dans l'aire de jeu et attrape la balle, même si la balle a franchi la ligne de touche. Un tel joueur peut dévier ou taper la balle dans l'aire de jeu.

Souvent, c'est le talonneur (n° 2) qui effectue **le lancer.** (Pendant longtemps, les ailiers ou les demis de mêlées s'en chargeaient.) Le lanceur envoie le ballon en hauteur au milieu des deux lignes parallèles de joueurs. La précision du lancer est capitale.

Avant de remettre en jeu, le lanceur ou un coéquipier fait une **annonce,** si possible incompréhensible pour l'adversaire, pour initier un enchaînement répété à l'entraînement : un clin d'œil, un mouvement des doigts, une position de pieds, un petit pas de danse…

Les joueurs courent alors le long de l'alignement, feintent et font diversion. C'est pourquoi bénéficier de la remise en jeu constitue un avantage.

Les **sauteurs,** souvent les deuxième et troisième lignes, sont portés par leurs coéquipiers, souvent les piliers, pour être maintenus en l'air et récupérer la balle. Quand on parle de poulets de près de 2 mètres et de plus de 100 kilos, ça ne s'improvise pas et résulte de nombreux entraînements et répétitions.

PRÉCISIONS

On ne peut pas lever ou supporter un joueur de son équipe avant qu'il ait sauté pour attraper la balle mais peut-être que votre écran de télé est trop petit pour constater la subtilité...

De même, **il est interdit de s'appuyer sur un adversaire ou de le tenir, le pousser, lui faire obstruction.** Il est aussi interdit de saisir un adversaire qui ne porte pas la balle.

Ça joue !

Le hors-jeu

Participer au jeu quand on est hors jeu est sanctionné par une pénalité ou une mêlée.

Il est donc interdit à un joueur hors jeu:

- de jouer le ballon ou d'aller vers lui;
- de faire obstruction sur un adversaire;
- d'approcher ou de rester à moins de 10 mètres d'un adversaire attendant de jouer le ballon, ou du point où le ballon va toucher le sol: il faut reculer à 10 mètres.

Dans le jeu courant

Un joueur est hors jeu s'il se trouve devant un coéquipier qui porte le ballon ou **devant un coéquipier qui a joué le ballon en dernier.**

Pour être remis en jeu et donc pouvoir participer au jeu, un joueur doit:

- laisser un **adversaire** faire 5 mètres avec le ballon, ou le laisser le jouer (passe, coup de pied ou perte du ballon), à condition d'être à 10 mètres du porteur de ballon;
- passer derrière ou se faire dépasser par le **coéquipier** porteur du ballon, ou bien passer derrière ou se faire dépasser par le dernier coéquipier ayant touché le ballon, ou par un autre joueur qui était en jeu. C'est pourquoi on observe souvent un arrière courir en avant comme un dératé après avoir dégagé en chandelle: non pas seulement pour essayer de récupérer le ballon au point de chute, mais aussi et surtout pour remettre en jeu tous ses partenaires qui se trouvaient devant lui quand il a frappé la balle.

Si, en raison de la rapidité du jeu, un joueur hors jeu ne peut éviter de se trouver à moins de 10 mètres d'un adversaire attendant de jouer le ballon, ou du point où le ballon va toucher le sol, il ne sera pas pénalisé **pourvu qu'il se retire sans tarder et sans intervenir sur l'adversaire.**

Quand un hors-jeu est sifflé dans le jeu courant, l'équipe adverse choisit soit **un coup de pied de pénalité à l'endroit de l'infraction,** soit **une mêlée à l'endroit où l'autre équipe a joué le ballon pour la dernière fois.**

Ça joue !

Lors d'une mêlée ordonnée, d'un maul, ou d'une touche, le joueur est hors jeu s'il reste au-delà ou franchit certains points ou lignes.

Lors d'une mêlée ordonnée :

- **pour le demi de mêlée,** la ligne de hors-jeu passe par la ligne du ballon ;
- **pour tout autre joueur,** la ligne de hors-jeu passe par le **pied du dernier avant de son équipe** dans la mêlée (ou la ligne de but le cas échéant).

Un joueur est hors jeu si :

- **il ne se retire pas derrière la ligne** de hors-jeu ;
- il porte un de ses **pieds en avant de la ligne de hors-jeu** pendant que le ballon est dans la mêlée ;
- quand une équipe a gagné le ballon, son demi de mêlée est hors jeu si ses **deux** pieds sont devant le ballon lorsque celui-ci est encore dans la mêlée, le demi de mêlée de l'équipe adverse est hors jeu s'il place un pied devant le ballon pendant que celui-ci est encore dans la mêlée.

Lors d'un maul

Les lignes de hors-jeu passent pour chaque équipe **par le dernier pied de ses joueurs** prenant part au maul.

Un joueur doit soit se joindre au maul, soit se retirer immédiatement derrière la ligne de hors-jeu. Un joueur qui s'attarde à côté d'un maul est hors jeu.

Un joueur est hors jeu quand il rejoint le maul **par le côté ou en avant du ballon.**

De même, pour un participant au maul, s'il **s'en délie et ne le rejoint pas immédiatement,** en arrière du ballon, ou **ne se retire derrière la ligne de hors-jeu.**

Sur une touche

Quand un maul se forme, un joueur ayant participé à la touche n'est pas obligé de le rejoindre, mais il ne doit pas le faire par le côté en avant du ballon.

S'il ne rejoint pas le maul, il doit se retirer et rester derrière la ligne de hors-jeu, ligne dans ce cas située à **10 mètres** de la ligne de remise en jeu. Ça favorise le jeu à la main.

Un joueur non participant à la touche est hors jeu s'il avance, ou reste, en avant de la ligne de hors-jeu (sauf remise en jeu longue au-delà de 15 mètres).

PRÉCISIONS

Quand un maul se forme, pour les joueurs n'ayant pas participé à la touche, la ligne de hors-jeu est toujours à 10 mètres en arrière de la ligne de remise en jeu, et ce jusqu'à ce que le maul ou la mêlée ait quitté la ligne de remise en touche (tous les pieds de tous les participants étant alors passés au-delà de la ligne de remise en jeu).

Tactique :

> « J'ai une tactique : on entre et on donne des baffes ! »
> Obélix

Les tactiques de jeu sont complexes et variées : elles s'inspirent des forces et faiblesses des équipes en présence, des placements et capacités de déplacement des joueurs, des conditions climatiques, etc.

La conquête, la récupération du ballon

C'est un point fondamental au rugby, préalable à toute construction d'action offensive. Généralement, c'est le boulot des avants qui vont au carton pour tenter de s'emparer du ballon ou le conserver. Les principales opportunités de conquête sont la mêlée, la touche et les regroupements.

l'attaque

Une action type de rugby se produit en deux temps. On utilise les avants en percussion pour créer un point de fixation, puis dans un deuxième temps, on ouvre le jeu au large vers les lignes arrières, le but étant d'arriver à un surnombre des attaquants par rapport aux défenseurs, de tromper ces derniers et créer des ouvertures vers l'essai.

Rien n'est inscrit dans le marbre en ce qui concerne la tactique mais les pages ci-après présenteront les thèmes suivants : **l'attaque, 3 grands schémas** et **la défense et ses rideaux défensifs.**

FRANCHIR UN RIDEAU DÉFENSIF

Tactique :

L'attaque : trois grands schémas

- Percuter droit devant pour resserrer la défense adverse.
- Dégager sur l'aile.
- Contourner au pied le rideau défensif adverse (taper à suivre).

1 - Percuter droit devant pour resserrer la défense adverse

MAIS QU'EST-CE QU'Y FOUTENT À RENTRER DANS LE TAS TOUT LE TEMPS ?

Un peu bourrin en apparence, mais en réalité bourrin quand même.

Cette tactique d'avants privilégie essentiellement le jeu « axial ».

Le but, après avoir conquis le ballon, est de progresser vers l'en-but adverse en multipliant les groupés pénétrants (mauls) ou les percussions individuelles (« pick and go »). Ces dernières charges consistent à aller directement au contact de l'adversaire, sans chercher à l'éviter, ballon en main, et visent à mobiliser la défense adverse, à l'user si possible, à la paniquer complètement parfois. À force de persévérer, une brèche finira bien par se former...

Tant mieux si on va au bout comme ça. Sinon, le demi de mêlée, qui traîne toujours derrière un regroupement, peut décider d'ouvrir au large vers les lignes arrières...

2 - Dégager sur l'aile

L'option rapidité.

Lorsque la progression des avants est stoppée, le ballon est sorti de ce point de fixation par le demi de mêlée pour lancer les trois-quarts. Le but est de prendre de vitesse la défense adverse, de la transpercer, de créer des surnombres, bref d'ouvrir la voie de l'essai.

On distingue, en fonction de l'emplacement du point de fixation par rapport aux lignes de touche, le **côté ouvert** (ou **grand côté**) et le **côté fermé** (ou **petit côté**).

Les trois-quarts disposent d'une panoplie de combinaisons ou de techniques dans laquelle ils piochent alternativement.:

LA PASSE AU RAS

Le porteur du ballon, tout en fixant son adversaire direct, essaie de masquer la passe qu'il fait au coéquipier qui arrive lancé et le rase.

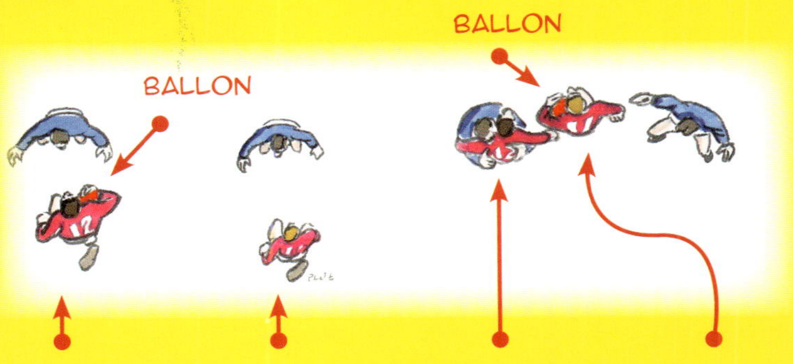

Tactique :

LA PASSE REDOUBLÉE

Le porteur du ballon ne va pas au contact de son adversaire direct, mais le donne à son coéquipier (lui-même surveillé par un défenseur) et passe dans son dos. Le coéquipier lui redonne alors rapidement la balle en essayant d'attirer sur lui les deux défenseurs.

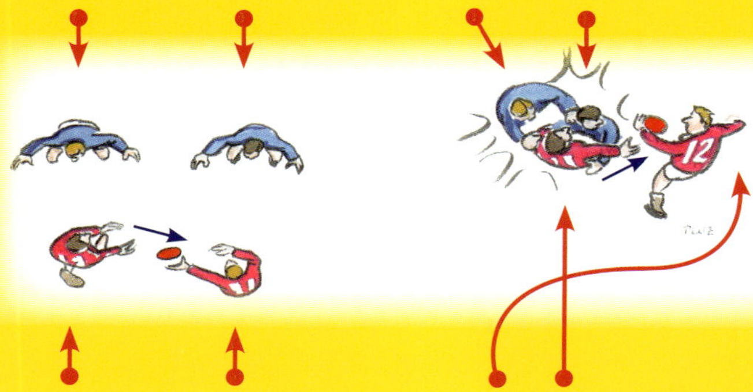

LA PASSE CROISÉE

Elle est transmise à un partenaire qui arrive en sens opposé, change brusquement la direction du ballon et prend la défense adverse à contre-pied.

LA PASSE SAUTÉE

Elle est faite, non pas à son coéquipier le plus proche, mais à celui qui se trouve plus loin. Cela accélère l'attaque vers l'aile pour éventuellement exploiter un surnombre.

Tactique :

LE RAFFUT

Geste par lequel le porteur du ballon écarte le défenseur en le repoussant d'une main, l'autre tenant le ballon.

LA FEINTE DE PASSE

Qui consiste à faire semblant d'effectuer une passe à un coéquipier pour désintéresser son adversaire direct, et garder en réalité le ballon en sa possession.

LE CROCHET

Brusque changement d'appuis pour prendre l'adversaire à contre-pied, ce qui demande de solides cuissots.

LE CADRAGE DÉBORDEMENT

Qui consiste à fixer un adversaire en courant vers lui puis à le déborder par le côté en accélérant. Là aussi, il faut des cannes.

l'attaque

Pour jouer le surnombre, un joueur peut venir **s'intercaler,** c'est-à-dire quitter la place naturelle qu'exige son poste et venir se placer dans la ligne d'attaque. Souvent, c'est ce que fait, côté fermé, un ailier qui se place auprès des centres, ou, grand côté, l'arrière qui se place entre le deuxième centre et l'ailier.

Quand les trois-quarts font leur show, on appelle ça du « rugby champagne ».

Si avec tout ça, il n'y a pas essai et que l'attaque est stoppée par la défense, on recrée un point de fixation avec le soutien des avants et on recommence.

Et quand en fin de course on ne peut plus passer, il reste la passe au pied pour franchir le rideau défensif, le ballon arrivant d'un côté, un partenaire de l'autre. Bien millimétrée, c'est un petit joyau, surtout si le joueur réceptionne et aplatit dans l'en-but.

3 - Contourner au pied le rideau défensif adverse (taper à suivre)

L'adresse ou la ruse : potentiellement meurtrier mais aléatoire avec risque de contre-attaque en rendant le ballon à l'adversaire.

Le jeu au pied a pris de plus en plus d'importance dans la tactique au cours des dernières années. L'ouvreur en est le spécialiste, mais les trois-quarts s'y essaient parfois.

Avant, un coup de pied qui ne trouvait pas la touche était considéré comme une faute, voire qualifié de « coup de pied de rouge-gorge ». **Aujourd'hui, on appelle ça un coup de pied tactique.** Oui Môssieur !

LE COUP DE PIED DE RECENTRAGE

Le ballon est envoyé jusqu'au trois-quarts aile (par exemple le n°11), ensuite, proche de la ligne de touche, ce dernier le renvoie à ses avants par un coup de pied de recentrage.

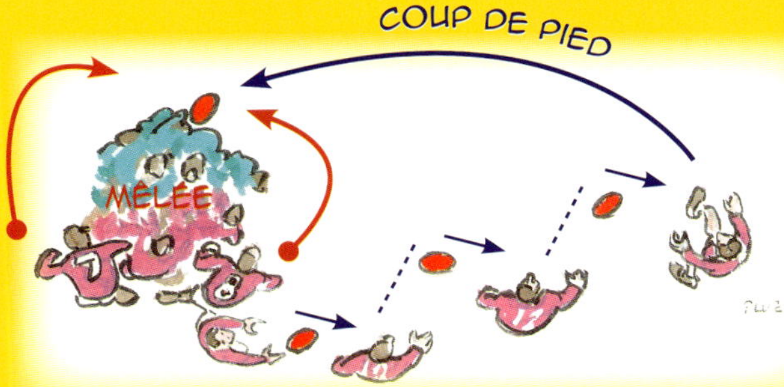

LE COUP DE PIED CROISÉ

Après une mêlée ou un regroupement, l'attaque est amorcée d'un côté, puis le 10, ou voire le 12, donne un coup de pied croisé pour placer la balle juste derrière le trois-quarts adverse du côté opposé.

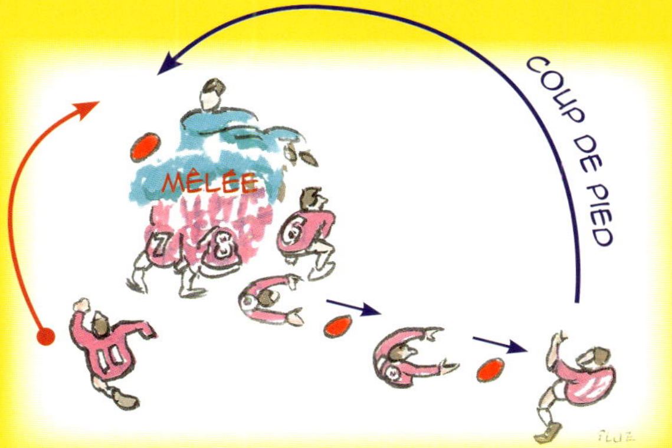

LE COUP DE PIED À SUIVRE

Il est donné en direction de la ligne de but adverse et dosé de manière qu'un partenaire (ou le joueur lui-même) puisse récupérer le ballon.

Tactique :

LA CHANDELLE

C'est un coup de pied tapé très haut dans le ciel pour avancer et laisser le temps à ses coéquipiers de se rendre au point de chute du ballon (« up and under » en anglais).

l'attaque

L'art de l'alternance consiste à varier le jeu en « alternant » les formes de jeu au pied et à la main.

Une dernière tactique, dite « du bulldozer », consiste à aller du point A au point B en ligne directe.

Tactique :

La défense

Il s'agit d'organiser son équipe pour identifier la stratégie adverse et la bloquer au plus vite.

les premiers concernés sont **les avants** (encore eux!). Leur pressing défensif se traduit par leur capacité à multiplier résistances, arrêts, blocages, plaquages et autres efforts intenses pour stopper l'avance adverse et reconquérir le ballon.

La préparation physique est capitale pour soutenir ces défis épuisants sur toute la durée d'un match. La tâche est d'autant plus ingrate qu'elle est moins spectaculaire, plus anonyme que les phases de jeu où circule le ballon.

LES RIDEAUX DÉFENSIFS

Ils désignent des joueurs déployés sur une ligne, chargés de contrôler les attaquants et de les empêcher de passer. Une équipe bien organisée peut avoir un deuxième rideau, voire un troisième rideau, pour rattraper des adversaires qui auraient échappé au premier.

1 - Premier rideau défensif, dans tous les axes

Il est constitué de **l'ouvreur** et des **2 trois-quarts centre,** aidés par les **troisièmes lignes.**

Le pressing doit exploiter le fait qu'un attaquant ne peut plus jouer le ballon quand il est au sol. Il s'agit donc de plaquer à tout va et de mener des actions de récupération du ballon.

2 - Deuxième rideau défensif pour les percées et petits coups de pied

C'est le rôle des **troisièmes lignes aile** et **demi de mêlée,** spécialistes de la contre-attaque, notamment sur les coups de pied courts de l'adversaire. Ils colmatent les brèches créées dans le premier rideau.

3 - Troisième rideau défensif pour le jeu long et la relance

Les interdits…

Le rugby est très exposé aux arrêts de jeu tant les règles sont nombreuses et complexes, et le jeu rapide et engagé. L'arbitre a pour rôle de favoriser au maximum la poursuite du jeu et dispose, rappelons-le, d'une arme très utilisée, **la règle de l'avantage** (cf. p.27).

Il est important de garder en tête que **le rugby est un jeu qui se joue debout** (sur ses pieds).

Quand un joueur va au sol avec le ballon, **il doit donc immédiatement se relever avec, ou le passer, ou le lâcher et dégager de la zone de jeu.**

Les principales causes de l'arrêt de jeu

Les petites fautes :
en général sanctionnées par une mêlée ou un coup franc.

En-avant, surnombre en alignement de touche, perte de temps volontaire, épaules plus basses que les hanches dans un ruck…

Les fautes plus graves :
plutôt sanctionnées par des pénalités.

Dans les regroupements

- **Effondrement volontaire** de mêlée ou d'un maul.
- **Relèvement volontaire** de mêlée.
- **Plongeon** : action d'un joueur qui ne reste pas sur ses appuis et se jette sur d'autres joueurs au sol.

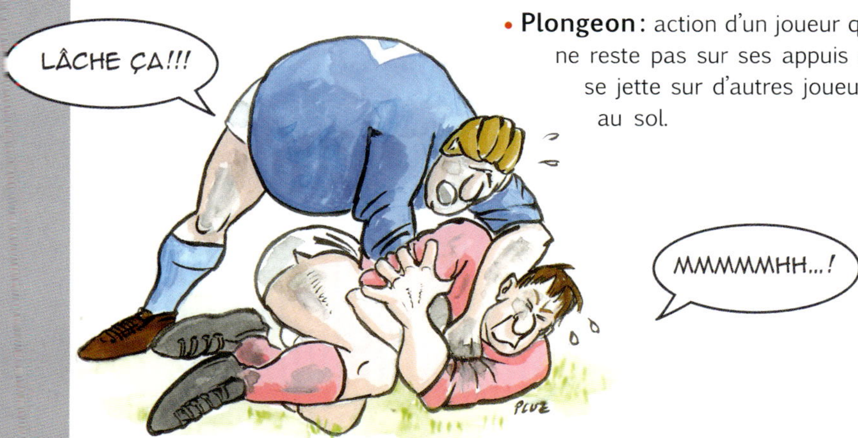

- **Talonnage à la main** : un joueur au sol dans un regroupement ramène le ballon avec la main dans son camp.
- **Ballon tenu** : se dit d'un joueur plaqué et mis au sol, et qui ne lâche pas le ballon comme il doit immédiatement le faire.
- **Jeu au sol** : il est interdit de le jouer lorsque l'on est au sol, c'est-à-dire d'essayer de jouer le ballon ou d'empêcher quelqu'un de le jouer. Un joueur ne peut normalement jouer que lorsqu'il est sur ses appuis, sur ses jambes.

Les interdits...

Dans le jeu

- **Obstruction :** action de gêner ou de bloquer un adversaire, sans intention de jouer le ballon.
- **Passage à vide :** un coéquipier passe délibérément devant le porteur du ballon sans jouer. La défense adverse est donc gênée par cette obstruction. C'est interdit, surtout dans l'hémisphère Nord, et passible d'une pénalité (au sens strict de la règle, le joueur se met volontairement hors jeu).

Les mauvais gestes et l'antijeu : la peine minimum est la pénalité, assortie d'un avertissement, voire d'une expulsion.

Le carton (ou « biscotte ») est présenté par l'arbitre au joueur coupable de mauvaise conduite ou jeu dangereux et l'invite à quitter le terrain. S'il est jaune, c'est pour 10 minutes (au frigo !), s'il est rouge c'est définitivement.

et les sanctions

En général sont sanctionnés les joueurs coupables d'antijeu, d'infractions répétées malgré les avertissements, ou de comportement antisportif: manquements à la loyauté, mauvaise conduite, revanche, perte de temps volontaire (en traînant, en dégageant la balle)...

S'il se trompe en envoyant un joueur au frigo, on dit que le *referee** gère à *tort*. Rien que l'idée jette un froid.

*(l'arbitre en anglais)

Les interdits…

Dans les regroupements

Il est interdit à tout joueur de frapper un adversaire, de le blesser volontairement. Sont aussi sanctionnés coups de pied, crocs-en-jambe, ou piétinements.

S'essuyer les pieds ou taper du pied sur un adversaire au sol (« stamping ») est bien sûr illégal.

Dans le jeu

- **Lancer volontairement à la main le ballon en touche est interdit.**
- **Plaquage haut** : plaquage exécuté en saisissant l'adversaire au-dessus des épaules.
- **Plaquage à retardement** : plaquage ou charge exécutés sur un joueur alors qu'il n'est plus en possession du ballon : c'est dangereux.
- De façon générale, il est interdit de **retenir, pousser, charger, agripper un adversaire non porteur du ballon.** (En courant pour attraper la balle, une lutte épaule contre épaule est permise.)
- **Plaquage en cathédrale** : plaquage dangereux consistant à faire décoller l'adversaire et à le projeter au sol en le retournant.
- **Cravate** : plaquage à hauteur du cou ou du visage effectué le bras tendu.

Évidemment et notamment dans les mêlées, il est interdit d'ouvrir la boîte à gifles, de bouffer l'oreille, de donner des coups de tête affectueux, de placer des fourchettes, de lâcher des poignées de phalanges, de distribuer des pizzas, etc.

Mais était-il besoin de le rappeler ?

GURG!

Ce qui fait aussi...

... le charme du rugby

Et malgré tout, si lors d'un match engagéééé, plein de générositéééé et d'enthousiaaaasme, des joueurs physiiiiques se montrent trop affectueux entre eux, l'éponge magique est là pour remettre sur pieds les gaillards malmenés.

On ne sait pas comment ça marche, mais c'est aussi ça le rugby.

Index

15 mètres, 25
22 mètres, 25, 33
5 mètres, 25
Alternance, 65
Antijeu, 15, 70, 71
Arbitrage vidéo, 26
Arbitre, 26
Arrêt de volée, 32, 36
Arrêts-buffet, 37
Arrière, 21
Attaque, 55
Avant, 18
Avantage, 27
Ballon mort, 24
Ballon tenu, 69
Biscotte, 70
Bouchon, 18, 37
Bras cassé, 36
Bulldozer, 65
Cadrage débordement, 60
Caramel, 37
Chandelle, 63
Charnière, 20
Chistera, 30
Cocotte, 45
Conquête, 54
Côté fermé, 57, 61
Côté ouvert, 57
Coup d'envoi, 26
Coup de pied à suivre, 63
Coup de pied de pénalité, 17, 34
Coup de pied croisé, 63
Coup de pied de recentrage, 62
Coup franc, 36
Cravate, 72
Crochet, 60
Cuillère, 37
Déblayage, 42
Défense, 66
Demi d'ouverture, 20
Demi de mêlée, 20
Deuxième ligne, 18
Drop, 16
Effondrement, 68
En-avant, 31
En-but, 24, 33
Équipement, 22
Essai, 14
Feinte de passe, 60
Frigo, 70, 71
Grand côté, 57
Gratter un ballon, 18
Hors-jeu, 50
Jeu au sol, 69
Juge de touche, 26
Ligne médiane, 24
Maul, 44
Mêlée, 38
Mêlée fermée, 38
Mêlée ouverte, 42
Mêlée spontanée, 42
Nettoyage, 42
Obstruction, 70
Ouvreur, 20
Pack, 18
Passage à vide, 70
Passe, 30
Passe au ras, 57
Passe croisée, 58
Passe redoublée, 58
Passe sautée, 59
Pénalité, 34
Pénaltouche, 34
Petit côté, 57
Pick and go, 54
Plaquage, 37

Index

Plaquage à retardement, 72
Plaquage en cathédrale, 72
Plaquage haut, 72
Première ligne, 18
Raffut, 60
Ramponneaux, 37
Relèvement, 68
Remise en jeu, 29
Rideau défensif, 66
Ruck ou rucking, 42, 68
Rugby champagne, 61
Saucisson, 30
Soutien, 42
Stamp ou stamping, 72
Supporter, 23
Talonnage, 42
Talonnage à la main, 65
Tampon, 37
Terrain, 24
Tirage au sort, 28
Tortue, 45
Touche, 46
Touché en but, 33
Troisième ligne, 18
Trois-quart, 21
Up and under, 64